表現力の
きほんの「き」

リコーダーがうまくなる

富永和音 監修（リコーダー奏者）

大月書店

はじめに

　楽器を上手に演奏したり、絵を描いたり、きれいな文字を書いたりするためには特別な「表現力」が必要で、自分にはできなくてもしかたない……なんて思っていませんか？

　自分が見たもの、感じたことを「表現」するのに、特別な能力は必要ありません。きほんをしっかりおさえていれば、だれにだって自由に表現する力はあるのです！

　「きほん」の部分はかんたんそうに見えますが、とても大事なことがつまっています。だから、きほんがしっかり身についていると、その先にあるいろいろな表現が自由にできるようになるのです。

　きほんの中でも本当のきほん、"きほんの「き」"を解説するのが本シリーズの目的です。本の内容に合わせた動画を見て、より理解を深めましょう。

　この巻では、リコーダーをとりあげます。

　きれいな音を出して、楽しく演奏するためのきほんとして、リコーダーの持ちかた、穴のふさぎかた、息のふきこみかた、1音1音の出しかたなど、ていねいに説明しています。

　これから習う人も、うまくふけなくてつまずいている人も、きほんの「き」を身につけて、表現力のはばを広げ、思うように演奏する楽しさを見つけてください。

もくじ

表現力のきほんの「き」
リコーダーがうまくなる

はじめに　2

- リコーダーを知ろう ……… 4
- いろいろなリコーダー ……… 6
- 大切に使おう ……… 8
- いい姿勢でふこう ……… 10
- きほんの持ちかた ……… 12
- 指穴の正しいふさぎかた ……… 14
- 上手な息のはきかた ……… 16
- タンギングをマスターしよう ……… 18
- 音階を出そう ……… 20
- 楽譜にはなにが書いてある？ ……… 28
- 記号の意味を知ろう ……… 30
- 曲をふいてみよう❶ エーデルワイス ……… 32
- 曲をふいてみよう❷ おどるポンポコリン ……… 34
- 曲をふいてみよう❸ 手のひらを太陽に ……… 36
- 合奏するときに大切なこと ……… 38

リコーダーを知ろう

🎼 リコーダーのつくり

リコーダーは、大きく頭部管、中部管、足部管の3つに分かれていて、あちこちに穴があいています。それぞれの名前をおぼえましょう。

ふき口（歌口） ここをくわえて息をふきこむ

ウィンドウェイ ふき口から窓まで、息が通るところ

窓 音が出るところ

エッジ

頭部管

うしろ

うら穴（サムホール） 左手の親指でふさぐ

中部管

指穴 ふさぐ穴によって音が変わる

足部管

学校で使うリコーダーはおもにプラスチック（樹脂）製だけど、本来は木でつくられています

最近は、環境に配慮したバイオマス由来のプラスチック※製のものもあるんだって！

※バイオマスプラスチック：植物などを原料とする環境にやさしいプラスチック

音が鳴るしくみ

ふき口にふきこんだ息は、ウィンドウェイを通ってエッジにぶつかり、空気の流れがみだれます。その振動が管の中で共鳴して大きくなり、「音」として聞こえるのです。

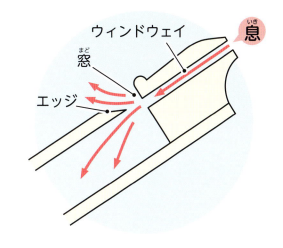

組み立てかた

頭部管、中部管、足部管をつなぐ部分を「ジョイント」といいます。組み立てるときはジョイントにグリスやワセリンなどのクリームをうすくぬり、ゆっくりとまわしながらはめこみます。

頭部管のさしこみ具合を調整することで、管の長さを変えて音程を調整することもできます！

ふき口から指穴が一直線になるように合わせます

ジョイント

グリスをぬらないと、ジョイント部分が固くなって、つけはずしがしにくくなります

中部管と足部管はつながっているものもあります

足部管は右にずらし、小指でおさえやすい位置に調整します

ジョイント

ジョイントではずせるから、お手入れもしやすいよね

5

いろいろなリコーダー

よく見るとちがう2つのリコーダー

リコーダーは1400〜1500年ごろのヨーロッパで発達し、1600年ごろには現在とほぼ同じ形で完成された楽器です。1600〜1750年ごろにさかんだった「バロック音楽」では欠かせない楽器でした。

発展した時代によって、「バロック式（イギリス式）」と「ジャーマン式（ドイツ式）」とよばれる2つのタイプがあります。下から3つめと4つめの穴の大きさがちがい、指づかいも一部ことなります。

◆バロック式

- バロック時代（1600〜1750年ごろ）につくられた形。
- シャープ（♯）やフラット（♭）の音がふきやすい。

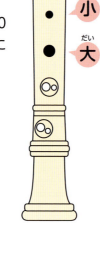

小
大

学校では、♯や♭が少ない曲をふくことが多いので、指づかいをおぼえやすいジャーマン式がおもに使われています。いろいろな曲をふくプロの人は、おもにバロック式を使います

※♯、♭については27ページへ

◆ジャーマン式

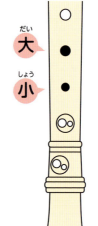

大
小

- 1900年ごろからドイツでさかんにつくられた形。
- 指づかいが音の順番と同じなのでおぼえやすい。

指づかいのちがい

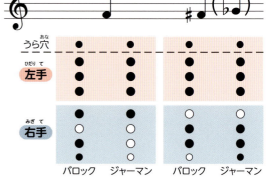

リコーダーには8種類の仲間がいる！

　小学校で習う「リコーダー」は、正確には「ソプラノリコーダー」といいます。リコーダーは、音域（音が出せるはんい）によって、大きく分けると下の8種類になります。

小さいものほど音が高く、大きくなるほど低くなります！

小学校で使うのはこれ！

❶クライネソプラニーノ（エクシレント）

❷ソプラニーノ

❸ソプラノ

❹アルト

❺テナー

❻バス

❼グレートバス

❽コントラバス

大切に使おう

🎼 水滴がたまると音が悪くなる

リコーダーをふいていると、うまく音が出なくなることがあります。これは、ウィンドウェイに水滴がたまって空気がスムーズに通らなくなったせいです。つばがたまったのではなく、息にふくまれる水分がウィンドウェイのなかで水滴になったものです。

冬に、冷えた窓ガラスに息をはきかけると白くくもって、水滴ができるしくみと同じです！

🎼 水滴の切りかた

窓の上の部分に指を1本あて、ウィンドウェイの中の水滴を追い出すつもりで強めに短く、息をふきこみます。窓から水が出てきたら、かわいた布でふきます。

リコーダーをふって水気をとろうとすると、ほかの人にあたったり、どこかにぶつけてこわすかもしれないのでやめましょう。

冬場など、リコーダーが冷えているときにいきなりふくと、水滴がたまりやすくなります。手のひらやわきの下などであたためてからふくといいでしょう。

ティッシュペーパーなどの紙で水分をふくと、紙のせんいが中に入ることがあるので、必ず布でふこう！

使い終わったら……

リコーダーはプラスチックでじょうぶにできていますが、使ったあとはきちんとお手入れをしないと、きれいな音が出ないだけでなく、カビがはえるなど衛生的な問題も出てきます。

❶ そうじ用の棒にガーゼをまきつける。

❷ ジョイントではずしたリコーダーの中の水分をしっかりとふきとる。

❸ ジョイントにグリスをぬってもとにもどす。

❹ 外側のよごれをふきとる。

❺ ケースにしまう。

においが気になるときや、外側のよごれがはげしいときは、プラスチック製のリコーダーなら中性洗剤で丸洗いしてもだいじょうぶです。ただし、高温のお湯を使うと変形したりすることもあるので注意しましょう。
<u>日かげでしっかりかわかしてから</u>、ケースにしまいます。

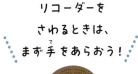
リコーダーをさわるときは、まず手をあらおう！

使わないときの注意

* 必ずケースに入れましょう。なにかにぶつかって傷がついたり、ゴミやほこりが入ったりするのをふせいでくれます。
* 直射日光があたる場所や、ストーブなど熱をもつもののそばに置くと変形するおそれがあります。
* 湿気の多い場所に置くと、カビがはえる危険があるのでさけましょう。

ぜったいに、たたかいごっこに使ったりしないでね!!

いい姿勢でふこう

🎼 立ってふくとき

背すじをのばして正しい姿勢でふくと、息を出しやすく、指も動かしやすいので、上手にふけるようになります。

座ってふくとき

基本的には立ってふくときと同じですが、いすの背にもたれず、足をしっかりと床につけましょう。

足を組んだり、ブラブラさせたりしない。

足のうらをしっかり床につける

背すじをのばす

いすにもたれない

げんこつ1～2個分くらいあける

力をぬいてふこう

リコーダーをしっかり持とうとしたり、穴を強くおさえようとしたりして力が入ると、指が動きにくくなってしまいます。2～3回ほど肩を上げ下げしたり、手をブラブラとふったりして力をぬきましょう。

手のひらの力もぬけているかな？

力がぬけると、指がなめらかに動くよ！

▶ 動画で見てみよう！❶

持ちかたのきほん

きほんの持ちかた

🎼 指の位置をおぼえよう

リコーダーの穴は全部で8個あり、8本の指でふさぎます。右きき、左きき、どちらの人でも、左手を上、右手を下にして持ち、ふさぐ指も決まっています。

左手うしろ

0

親指

うら穴をふさぐ

左手は、上3つとうら側の穴をふさぐ

右手うしろ

親指

リコーダーを支える重要な指！

1 人さし指

2 中指

3 薬指

左手

左手の小指は使わない

人さし指

右手

4 中指

5 薬指

6 小指

7

右手は、下4つの穴をふさぐ

それぞれの指には番号が割りあてられています

🎼 くちびるで軽くくわえる

口は、息をふきこむだけでなく、リコーダーを支える役目もあります。下くちびるの上にふき口を少しだけのせ、上くちびるで軽くはさみます。

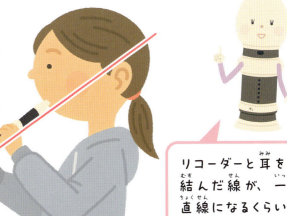

リコーダーと耳を結んだ線が、一直線になるくらいの角度がベスト！

強くかんだり、歯にあたるほど深くくわえると、息がもれたり、息の量をコントロールするのがむずかしくなってしまいます。

🎼 くちびると右手親指で支える

右手の親指は穴をふさいだりしませんが、リコーダーを支える重要な指です。リコーダーを軽くくわえ、右手の親指だけでリコーダーを支えてみましょう。

くわえる角度や親指の位置を変えて、自分にぴったりの場所をさがそう！

人さし指
中指
親指

人さし指と中指を穴に合わせ、そのちょうどまん中ぐらいが親指の位置のめやすです。

▶ 動画で見てみよう！❶

持ちかたのきほん

指穴の正しいふさぎかた

🎼 表側の指穴のふさぎかた

指の腹（ツメのまん中から根もとあたり）で穴をふさぎます。力を入れて穴をおさえようとするのではなく、軽くふたをするようなイメージで動かします。

> 指をはなすときは、軽く曲げた状態のまま、指の根もとから動かします。指先までピンとのばすように上にあげると、穴との距離が遠くなって、ふさぐのが間に合わなくなります

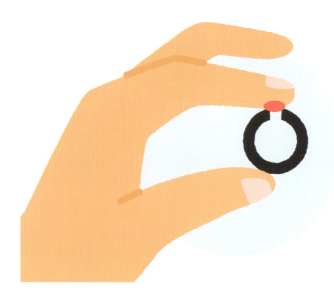

指のまん中のふくらんでいるところで穴をふさぐ

> 指に丸いあとがつくのは、力を入れすぎているしるしだよ！

◆よくないふさぎかた

指先でふさいでいる
穴をしっかりふさげないので、正しい音が出ない。

指先が曲がっている
力を入れすぎているので、動かしにくい。

🎼 うら穴のふさぎかた

表側の指穴とちがい、うら穴は指のまん中ではなく、ツメの先に近い部分でふさぎます。「サミング」といって、高音を出すときに少しずらしてすきまをあける必要があるからです。

まん中より上側でふさぐ

◆よくないふさぎかた
指のまん中でふさぐ

・すばやくすきまをあけることができない。
・すきまの調整がむずかしい。

🎼 サミングのしかた

左手の親指を少し下にずらすか、指を立てるようにして、三日月のような形のすきまをつくります。高いミから上の音を出すときに必要な指づかいです。

サミングについては、25ページでもくわしく説明します！

親指のことを英語で「thumb」というから、「サミング(thumbing)」というんだね

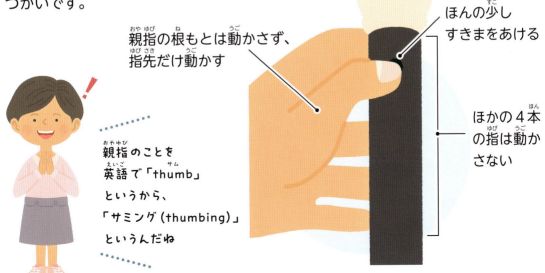

親指の根もとは動かさず、指先だけ動かす

ほんの少しすきまをあける

ほかの4本の指は動かさない

上手な息のはきかた

4種類の息をはいてみよう

リコーダーは、息をふきこめば必ず音が出るやさしい楽器といわれますが、きれいな音を出すためには息づかいの練習が必要です。

4つの息づかいをふき分けてみて、ちょうどいい息の出しかたをおぼえましょう。

あたたかい息
寒いときに手をあたためるイメージ

速い息
ろうそくをふき消すイメージ

冷たい息
熱いものを冷ますイメージ

おそい息
長いため息をつくイメージ

このうち、おそくてあたたかい息がリコーダーにはぴったりの息です

シャボン玉を大きくふくらまそうとするときのように、やさしく、長〜くはきつづけてみましょう。

楽器をふくときに大切といわれるのが「腹式呼吸」です。ふだんは、息をすうと胸がふくらんでいきますが、すったときにおなかや腰のまわりがふくらむのが腹式呼吸です。たくさんすえて、はき出す量をコントロールしやすいので、楽器をふくのに適しています。

🎵 リコーダーをふいてみよう

安定して息をはく感覚がつかめたら、リコーダーをふいて、音を出してみましょう。音は、ソやラなど、出しやすい音でかまいません。

息が下へとまっすぐ出ていくイメージでふく

一定の音を長く出す

ゆっくり、同じ量の息をはいて、同じ強さ、高さの音を出します。次に、息の量を少しへらしたり、少しふやしたりしてふいてみましょう。

同じ音でも、息の強さで聞こえかたが変わるんだね！

だんだん強くなる

弱い息でふきはじめ、だんだんと強くふいてみます。なだらかに大きくできたでしょうか？　できたら今度は、強い息でふきはじめ、だんだんと息を弱めてみましょう。

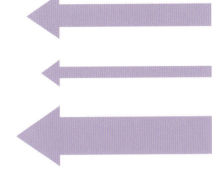

🎵 こんなときは……

◆音がうら返る

ふきこむ息が強すぎると、ひっくり返ったような変な音が出てしまいます。やさしく一定の息でふきましょう。

◆音が安定しない

長くふこうとして弱くふいたり、息のつづくかぎりふこうとすると、息の量が足りなくなって音がゆれてしまいます。正しく息つぎをして、必要な量の息でふきましょう。

弱すぎると音がふるえるし、強すぎると音がきたなくなっちゃうんだ！

▶ 動画で見てみよう！❷
息の出しかたのコツとタンギング

タンギングを
マスターしよう

 ## タンギングとはどういうもの？

　タンギングとは、リコーダーなど息を使って演奏する楽器独特の演奏法です。実際に息を止めたり出したりするのではなく、息をはきつづけながら、舌を使って息の流れを止めたり通したりすることで、音に区切りをつける方法です。

 ## タンギングのしかた

　まずは、リコーダーなしで「トゥトゥトゥトゥトゥトゥ……」とつづけて発声してみましょう。その舌の動きが、タンギングの動きになります。
　次に、リコーダーをくわえて、声に出さずに（トゥトゥトゥ……）というつもりで息をはいてみましょう。音の出だしがはっきりして、きれいに区切ることができたら成功です。

「トゥ」だと音が割れてしまうときは、「ト」や「ティ」「ドゥ」「ル」などでためしてみてね！

❶ 舌の先を前歯のうら側と歯ぐきの境目あたりにあてる。

息の流れは止まる

❷ 「トゥ」と発した瞬間に（実際は声には出さない）舌をはなす。

息が通る

音が出る

❸ ❶と同じ状態にもどる。

息の流れが止まる

🎼 タンギングでふいてみよう

タンギングは、音にリズムをつけたいときに使います。タンギングの長さや強さによって変化がつくので、リコーダーを使ってしゃべってみて、タンギングの感覚をつかみましょう。

朝ごはん
トゥトゥ
トゥトゥトゥ

サッカー
トゥットゥー

さようなら
トゥトゥー
トゥトゥ

そんなの関係ねぇ
トゥットゥトゥ
トゥットゥッ
トゥー

♪メ〜リさんのひつじ
トゥートゥトゥトゥ
トゥットゥットゥッ

なにをしゃべったか、あてっこしても楽しいよ！

◆ **タンギングをイメージであらわすと……**

* つづけてふく
* ふつうに区切る
  （トゥー トゥー トゥー）
* タンギング
  （トゥ トゥ トゥ）
* 短いタンギング
  （トゥッ トゥッ トゥッ）

音楽的には
「ノン・レガート（♩）」
「スタッカート（♩）」
「アクセント（♩）」
などであらわされます！

▶ 動画で見てみよう！❷
息の出しかたのコツとタンギング

19

音階を出そう

ここからは、実際の音階を出しながら、きれいなふきかたを身につけていきましょう。

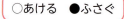
○あける ●ふさぐ

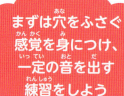

まずは穴をふさぐ感覚を身につけ、一定の音を出す練習をしよう

❶ まずは短く「ソ」の音を出そう。

❷ 次は「ソ———」と長く、同じ音量でふいてみよう。

❸ 同じように、短い「ラ」、長い「ラ———」をふいてみよう。

❹ きれいに出せたら、「ソーラーソーラーソーラー」とくり返しふいてみよう。

うら穴もふさぐ

左手

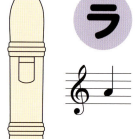

左手

小指は「ピン」と立てずに、薬指にそうようにうかせておく

薬指
中指
人さし指
↓ふき口

薬指といっしょに、小指が大きく動かないように

薬指は、リコーダーから1cmほどはなすくらいでOK

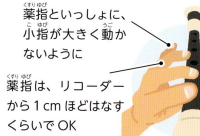

中指
人さし指
↓ふき口

20

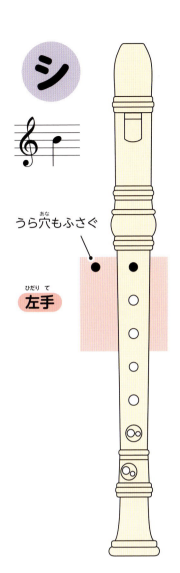

うら穴もふさぐ

左手

指の入れかわりが
スムーズにできるよう
練習しよう

❶ 短い「シ」、長い「シー──」をふいてみよう。

❷ 短い「ド」、長い「ドー──」をふいてみよう。

❸ 「シードーシードーシードー」とくり返しふいてみよう。

❹ 「シドシドシドシド」と速くふいてみよう。

❺ 「ソラシド ドシラソ ソラシド ドシラソ」とふいてみよう。

❻ タンギングで「ソラシド ドシラソ」とふいてみよう。

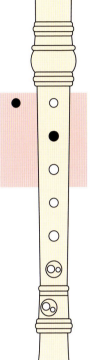

左手

○ あける　● ふさぐ

ほかの指がリコーダーからはなれすぎないように

人さし指

ふき口

シとドの音を変えるとき、うら穴をふさいでいる親指が動かないように。穴はないけれど、右手の親指も大切な支えです！

中指はふさいで、人さし指と薬指はあける

中指

ふき口

▶ 動画で見てみよう！❸
音階をふくコツ①
ド〜ド

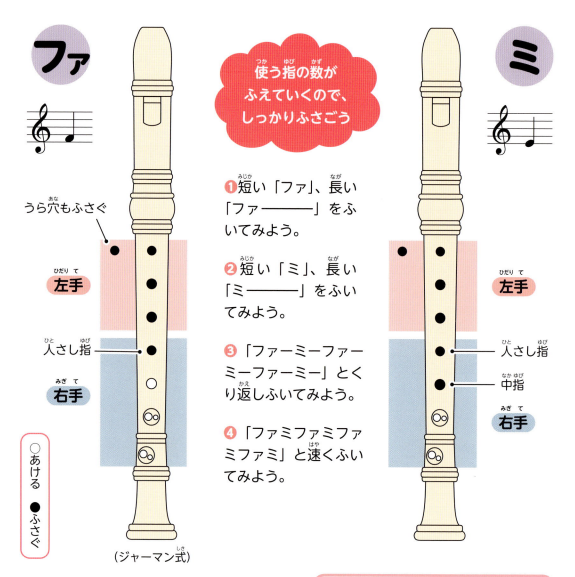

ファ

- うら穴もふさぐ
- 左手
- 人さし指
- 右手
- ○ あける　● ふさぐ
- （ジャーマン式）

※バロック式の指づかいは27ページへ

ミ

- 左手
- 人さし指
- 中指
- 右手

使う指の数がふえていくので、しっかりふさごう

❶ 短い「ファ」、長い「ファ―――」をふいてみよう。

❷ 短い「ミ」、長い「ミ―――」をふいてみよう。

❸ 「ファーミーファーミーファーミー」とくり返しふいてみよう。

❹ 「ファミファミファミファミ」と速くふいてみよう。

🎼 目で見て確かめよう

穴をしっかりふさげているかどうか、指先の感覚だけでなく、鏡にうつしたり、リコーダーを口からはなしたりして、目で見てみましょう。使う指がふえていきますが、一つひとつ、きれいな音が出たときの指の形をしっかりおぼえることが大切です。

音がきれいに出ないときは、息の強さと、穴をしっかりふさげているかを確かめてみましょう

レ / ド

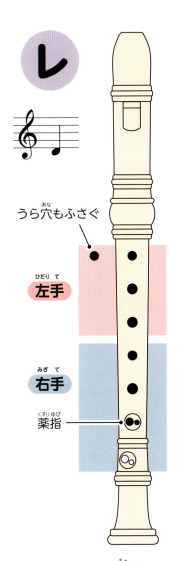

うら穴もふさぐ

左手

右手

薬指

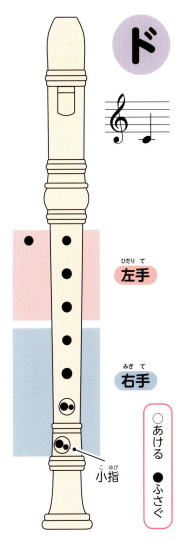

左手

右手

小指

○ あける　● ふさぐ

💭 低い音ほどゆっくりとやさしい息でふくようにしよう

❶ ゆっくりと「レ――」とふいてみよう。

❷ ゆっくりと「ド――」とふいてみよう。

❸ 「レードーレードーレードー」とくり返しふいてみよう。

❹ ゆっくりと「ドレミファファミレド」をくり返しふいてみよう。

❺ 「ドレミファソラシドドシラソファミレド」と速くふいてみよう。タンギングもしてみよう。

ドレミファソラシまでで1つの「オクターブ」というよ。21ページの「ド」と23ページの「ド」は1オクターブちがいだよ♪

ドの音がうまく出ないときは、小指だけでなく、薬指がずれていないか確かめるといいよ！

低いレやドは指の位置が遠いうえに穴が2つあって、「しっかりふさごう」と思って力を入れがちですが、力を入れるとかえってすきまがあきやすくなってしまいます。これまでどおり、「上から穴をふさぐ」イメージで動かすようにしましょう。

▶ 動画で見てみよう！❸
音階をふくコツ①
ド〜ド

ド♯

(レ♭)

(♯、♭について→27ページ)

うら穴をあける

左手

人さし指と中指でふさぐ

○ あける
● ふさぐ

レ

うら穴をあける

左手

ふさぐのは中指だけ！

上のドよりさらに高い音はどうやって出すのか、やってみよう

❶「ド♯ー」とふいてみよう。

❷「レー」とふいてみよう。

高い音は、ろうそくをふき消すときのような速めの息のほうがきれいに出やすいよ！

❸「ド♯ド♯ド♯　レレレ　ド♯ド♯ド♯　レレレ」とタンギングしよう。

❹「ドード♯ーレー　ドード♯ーレー」とくり返しふいてみよう。

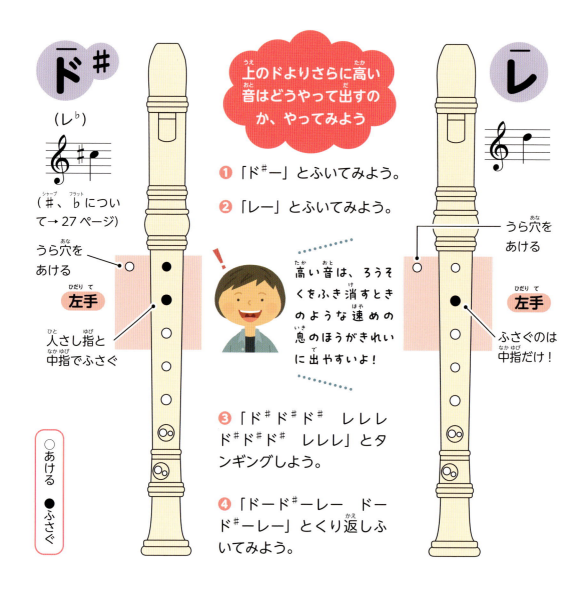

𝄞 左手親指なしでリコーダーを支える！

うら穴をふさがない音の場合、リコーダーがぐらついて、すきまができてきれいな音が出ない、もしくはスムーズに次の音にうつれないという人もいるでしょう。
❶くちびる、❷右手親指、❸穴をふさぐ指の3点でしっかりと支えられていれば、ぐらつくことはありません。

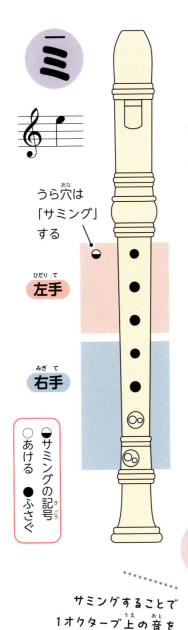

ミ

うら穴は「サミング」する

左手

右手

- ●サミングの記号
- ○あける
- ●ふさぐ

サミングすることで1オクターブ上の音を出すことができます

低いミの指のまま、うら穴をサミングする

高いファ、ソ、ラの出しかたも同じだからふいてみてね！

❶ 「ミ———」とふきながら、高くて安定した音が出るよう、息の強さや親指の位置を調整しよう。

❷ 「ミ　ミ　ミ」とタンギングしよう。

❸ 低い「ミ」→高い「ミ」→低い「ミ」→高い「ミ」とくり返しふいてみよう。

◆サミングのポイント

サミングの記号は半円になっていますが、穴を半分もあける必要はなく、親指をずらすようにして少しだけすきまをあけます。

すきま／指でふさぐ部分

正しいサミング　すきまがせまい

よくないサミング　すきまが広い

指を少しだけずらす　　指を立てたり大きくずらしたりしている

🎼 どのくらいのすきまか目で見てみよう

　すきまがせまいほうが音は出やすいですが、せますぎると高くなりません。親指の状態を少しずつ変えながらふいてみて、きれいな音が出たら、リコーダーを口からはなして指の状態を確認して、ちょうどいいすきまをおぼえましょう。

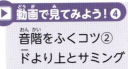
▶ 動画で見てみよう！❹
音階をふくコツ②
ドより上とサミング

ド♯
(レ♭)

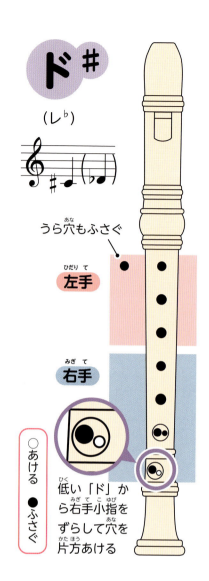

うら穴もふさぐ
左手
右手

○あける　●ふさぐ

低い「ド」から右手小指をずらして穴を片方あける

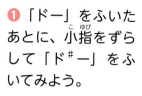

右手の薬指、小指の正しい位置をおぼえましょう

❶「ドー」をふいたあとに、小指をずらして「ド♯ー」をふいてみよう。

❷「レー」をふいたあとに、薬指をずらして「レ♯ー」をふいてみよう。

❸「ド♯ー　レ♯ー　ド♯ー　レ♯ー」とふいてみよう。

❹「ファーミーレ♯ー　レードー♯ードー」とふいてみよう。

レ♯
(ミ♭)

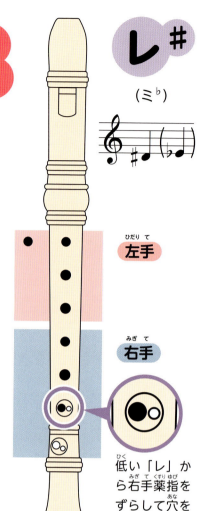

左手
右手

低い「レ」から右手薬指をずらして穴を片方あける

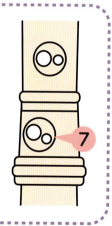

下の2つは、大きさのちがう小さな穴が2つずつ、あいています。半音を出しやすくするためのくふうです。
いちばん下の7の指穴は、小指を自然に下ろした位置に穴がくるよう、足部管を回して調整しましょう。

音を出す練習とは別に、左手の親指をはなして、ほかの指をパタパタと動かす練習をしてみましょう。くちびると右手の親指で支える感覚がつかめると、指が動かしやすくなりますよ！

音階と指のおさえかた一覧

左手 / 右手
○あける ●ふさぐ ◐サミング ◉片方あける
※（ジ）：ジャーマン式、（バ）：バロック式

変化記号

音符に対して、半音高くしたり低くしたりするときにつけられます。

♯ シャープ：半音高くする
♭ フラット：半音低くする
♮ ナチュラル：音の高さをもとにもどす

20〜26ページで出てきていない指づかいもあるので、よく見てふいてみましょう

楽譜には なにが書いてある？

楽譜にはいろいろなことが書いてある

歌ったり、楽器をひいたりするときに必要なのが「楽譜」です。楽譜を「読める」ようになると、知らない曲でもひくことができるようになります。

いろいろなものが集まって楽譜になっているんだね

テンポ
その曲が、だいたいどのくらいの速さなのか、1拍あたりの速さを示します。数字が大きいほど速くなります。

音部記号
五線に置かれる音の高さを示すための記号で、「ト音記号（𝄞）」や「ヘ音記号（𝄢）」などがあります。

拍子記号
その曲がどういうリズムで演奏されるかを示します。たとえば、1小節に4分音符（♩）が4つ入る場合は 4/4 になります。

五線譜
線が5本引いてあり、そこに音符やさまざまな記号が書かれ、「楽譜」になります。左から右へと見ていきます。

タイトル
その曲の題名。

作詞・作曲
詩を書いたり、曲をつくった人の名前が書いてあります。

音符
形で音の長さを、五線譜の位置で高さを示します。上に行くほど高い音になります。

休符
音を出さない「おやすみ」を示します。

小節
五線を縦に区切る線と線ではさまれた部分が「1小節」になります。

音符の種類をおぼえよう

まずおぼえておきたいのは、次の5つです。

♪が2つならぶと♫、♪が2つならぶと♬と書くこともあるよ

◆音符の名前と長さ

4分音符の長さを「1」とした場合、2分音符はその2つ分の長さ、8分音符はその半分の長さになります。

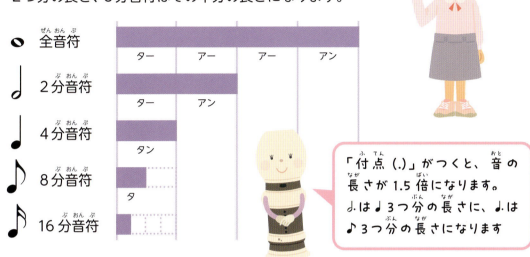

「付点（.）」がつくと、音の長さが1.5倍になります。♩.は♩3つ分の長さに、♪.は♪3つ分の長さになります

休符の種類をおぼえよう

休符の名前や長さは、音符と同じ考えかたをします。

◆休符の名前と長さ

4分休符の長さを「1」とした場合、2分休符はその2つ分の長さ、8分休符はその半分の長さになります。

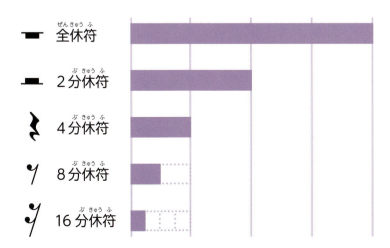

休符にも、付点がついた付点4分休符（𝄼.）や付点8分休符（𝄽.）などがあるよ！

記号の意味を知ろう

🎼 記号がわかれば「表現」しやすくなる

楽譜には、音符以外にもいろいろなものが書いてあります。曲のことを理解したり、「表現」のしかたを教えてくれたりするものなので、おぼえておきましょう。

◆拍子

「拍」が何個のかたまりで集まるかによって、「拍子」が決まります。4つ集まれば4拍子、3つ集まれば3拍子で、拍子の最初が少し強くなります。

> 2拍子は、マーチなど元気な曲、3拍子はワルツなどゆったりした曲によく使われていて、4拍子はいろいろな曲に広く使われているよ

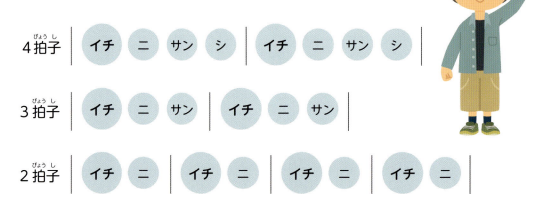

楽譜では $\frac{3}{4}$ などと書かれ、下の数字は何音符を1拍の基準とするか、上の数字はその音符が1小節の中に何個入るかをあらわしています。

例

4分音符が3つで1小節

2分音符が2つで1小節

8分音符が6つで1小節

◆テンポ

拍を打つ速さをあらわすのが「テンポ」で、「♩＝60」だと1分間に♩が60回入る速さになります。テンポが速いと「元気」「勢い」「かろやかさ」などが出て、テンポがおそくなると「ゆったり」「やさしい」「重々しい」イメージになることが多いです。

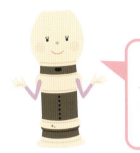

テンポについては、Adagio（ゆるやかに）、Andante（歩くような速さで）、Allegro（速く、軽快に）などの表現が使われることもあります

◆強弱記号

音の強さ・弱さについて指示する記号です。

強い	$\boldsymbol{ff}$	フォルティッシモ	（非常に強く）
▼	$\boldsymbol{f}$	フォルテ	（強く）
▼	$\boldsymbol{mf}$	メゾフォルテ	（やや強く）
▼	$\boldsymbol{mp}$	メゾピアノ	（やや弱く）
▼	$\boldsymbol{p}$	ピアノ	（弱く）
弱い	$\boldsymbol{pp}$	ピアニッシモ	（非常に弱く）

・クレッシェンド（だんだん強くする）

・デクレッシェンド（だんだん弱くする）

◆演奏記号

・スラー
高さのちがう2つ以上の音を、なめらかにつなげて演奏するように指示する記号です。

・タイ
となり合った同じ高さの音を、一つの音のようにつなげて演奏するように指示する記号です。

曲をふいてみよう① エーデルワイス

エーデルワイス

作詞：オスカー・ハマースタイン2世
作曲：リチャード・ロジャース

EDELWEISS
Richard Rodgers / Oscar Hammerstein II
© Williamson Music Company
The Rights For Japan Licensed to Sony Music Publishing (Japan) Inc.

ゆったりした気持ちで一音一音をていねいにふき、流れるような演奏をめざしましょう。

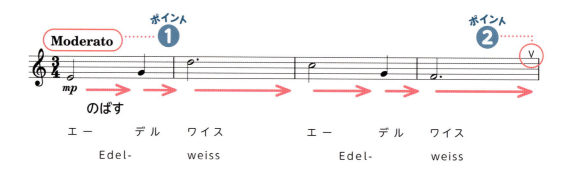

ポイント1 一定の息でふきつづける

Moderatoとは「中くらいの速さで」という意味で、メトロノームだと♩=76〜96くらいの速さになります。

一つひとつの音符をしっかりのばしてなめらかな音にするために、同じくらいの強さの息でふきつづけて、音がゆれないようにしましょう。

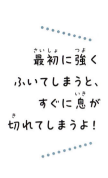

最初に強くふいてしまうと、すぐに息が切れてしまうよ！

ポイント2 メロディの切れ目で息つぎをする

リコーダーをふくためには息をすわなければいけませんが、たとえば「ミー（息つぎ）ソ（息つぎ）レー」のように音符ごとに息をすってしまうと、音がのびきれず、次の音とのあいだに「間」があいてしまい、メロディとして聞きづらくなります。歌詞が「エーデルワーーイス」のようにひとかたまりになっているところは、なるべく息つぎをしないようにしましょう。

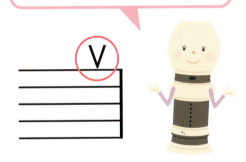

これ（∨）が、息つぎのしるしです。エーデルワイスは4小節ごとになっていますが、苦しければ、まずは2小節でチャレンジ！

🎼 息つぎのしかた

息つぎは、休符がある場所やメロディの境目でおこなうため、短い時間で、すばやく、できるだけたくさんすう必要があります。口からでも鼻からでもかまいませんが、リコーダーから完全に口をはなしてしまわず、上くちびるを少しだけあけるくらいですいましょう。

背筋をのばした正しい姿勢（10ページ）は、体の中にたくさんの息を入れやすい姿勢でもあるので大切です。

▶ 動画で見てみよう！⑤
曲をふいてみよう①

曲をふいてみよう❷
おどるポンポコリン

♪ おどるポンポコリン

作詞：さくらももこ
作曲：織田哲郎

> タンギングの練習にぴったりの曲です。聞いているだけで心まではずむようにふいてみましょう。

ポイント1 タンギングで音をはっきりさせる

　同じ音がつづくので、タンギングで一つひとつの音をはっきりさせ、楽しくはずむような感じを出しましょう。そのうしろの「タ・タン・ター」の部分も、音の頭はタンギングではっきりさせ、最後ののばす部分はしっかりのばします。

　あいだに入る休みをしっかりとることで、タンギングとのメリハリがついて、曲としての印象もかっこよくなります。

8つの音を同じようにふくのもむずかしいね。ソッソッソッと大小がつかないよう、タンギングでも一定の息でふくのが大事なんだね

ポイント2 いろいろなタンギングをためしてみよう

　同じようなリズムやタンギングをくり返しているようですが、音の高さやリズムは変化しています。ずっと同じ調子でふくのではなく、タンギングを「トゥ」から「ト」に変えたり、「ドゥ」や「ラ」や「ロ」でふいてみたりして、音の出しかたもくふうしてみましょう。

やわらかい　　　　　やわらかい

ポイント3 休符をしっかり休む

　休符は「おやすみ」といいますが、短すぎても長すぎても、曲のリズムがだんだんとくずれてしまいます。逆に、うまくリズムが合わなくなってきたときは、休符のところがリズムをとり直すチャンスになります。

休符の部分でも、リコーダーを口からはなしてしまわないで、下くちびるにのせて、次の音の準備をしておきましょう

▶ 動画で見てみよう！⑥
曲をふいてみよう②

曲をふいてみよう③
手のひらを太陽に

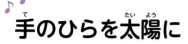

手のひらを太陽に

作詞：やなせたかし
作曲：いずみたく

テンポが速いうえに、サミングや半音も出てきます。指づかいをしっかりおぼえて挑戦しましょう。

て のひらを　たいように　すかしてみれ ば

ポイント①

まっ か に ながれる　ぼくのち し お　みみず

ポイント②

だっ て おけら だっ て　あめんぼ だっ て

ポイント③

みんなみんな　いきているんだ　ともだちな ん だ

ポイント 1 変化記号もおぼえよう

この曲は、五線の一番上に♯がついています。高さはちがっても、「ファ」が出てきたら、つねに半音上げるということです。ソやドの音符の横についている♯は「臨時記号」といって、そこだけ音を半音上げるという指示です。まずは指づかいを確認しましょう。

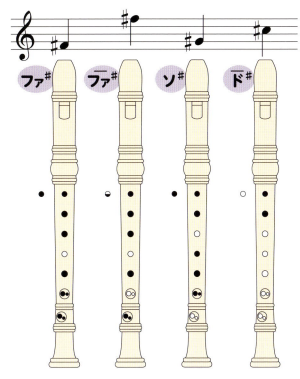

※ジャーマン式の指づかいです。
バロック式は27ページを見てください。

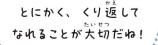

とにかく、くり返してなれることが大切だね！

ポイント 2 あせらずに指を動かそう

うら穴をあけたり、穴をたくさんふさいでサミングしたり、うら穴をふさいだりと、両手ともいそがしく動くので、あせってしまいますね。まずはゆっくりとしたテンポでくり返し練習して、指の動きをおぼえて、少しずつテンポを上げてみましょう。

ポイント 3 音階に合わせて息づかいも変える

タンギングしつつ、ドからレへと音がだんだんと下がっていきます。高い音は少し強めの息で、低い音は少しやわらかい息でふくと音が出やすいので、ずっと一定の調子でふくのではなく、音の高さや長さに合わせて息の勢いを調整して、きれいな音をたもちましょう。

37

合奏するときに大切なこと

息を合わせる

2人以上でなにかをしようとするとき、気持ちをぴったりと合わせることを「息を合わせる」といいますが、リコーダーで合奏するときは、たとえではなく、本当に「息づかい」を合わせることが大切です。

指づかいが同じでも、ふく息の強さがちがうと音がちがって聞こえます。みんなの音がちょっとずつちがうと、合わせたときに音がにごって聞こえてしまいます。おたがいの息の強さをそろえましょう。

息づかいやリズムのほかに、この曲はどんな曲だと思うか話し合って、おたがいのイメージをそろえるのもいいですね

リズムを合わせる

同じテンポで演奏しているつもりでも、音の変わり目がちょっとだけ早い人や、ギリギリで変える人がいます。音符の長さとしてまちがっているわけでもなく、1人でふいているときは問題なく聞けるのですが、合奏のとき、それぞれの音の変わり目がそろわないと、曲がぼんやりとしてしまいます。演奏する前に、みんなで音符に合わせて手をたたくなどして、リズムを合わせましょう。

🎼 まわりの音を聞く

合奏するときは、まちがえずにふこうと集中してしまうかもしれませんが、楽譜だけを見ていると、みんなとリズムがズレてしまうことがあります。ほかの人の音もよく聞きながら息の強さやリズムなどを合わせると、気持ちのいい合奏ができます。

10～11ページのようなきれいな姿勢ができていると、息の強さもそろいやすいし、まわりのこともよく見えて、合わせやすいですよ

🎼 頭や体でリズムをとらない

リズムを合わせるために、頭や体でリズムをとっている人もいるかもしれません。演奏中に頭を動かしてしまうと、そのたびにリコーダーの角度が変わってしまい、音がブレてしまいます。ひざを曲げたりしてリズムをとると、ふく息が一定でなくなって、やはり音がブレる原因になります。リズムは、心の中でとりましょう。

きれいな合奏をするには、リコーダーの状態も重要です。手入れをしていないせいでウィンドウェイになにかつまっていたり、乱暴にあつかったせいで足部管がゆるんでいたりして、きれいな音が出ていない場合もあります。

使う前にはきちんと確かめて、使い終わったら、しっかりと手入れをしてから片づけましょう。

道具を大切にすることも、うまくなるヒミツなんだね！

◆監修者紹介　富永和音(とみながわおん)（リコーダー奏者）

1999年東京都生まれ。東京藝術大学音楽学部器楽科古楽専攻リコーダー専修卒業。第35回全日本リコーダーコンテスト中学生独奏の部金賞受賞。故・江崎浩司氏のレコード芸術特選版受賞CD『笛の楽園Vol.5』にシリーズ唯一の共演者として参加したほか、二期会ニューウェーブオペラに多数出演。またソリストとして東京ハルモニア室内オーケストラと共演も行う。現在は、東京を中心に多数の演奏会に出演するほか、対面／オンラインでのレッスン指導、YouTubeチャンネル運営、小学校へのアウトリーチなど、リコーダーの魅力を広めるべく精力的に活動を行っている。ミュージックサロンMUSICA PINO音楽監督。

 公式ホームページ
https://www.waontominaga.com/

 YouTube
和音リコーダーちゃんねる
https://www.youtube.com/@waon_recorder_channel

◆企画・編集・執筆
株式会社ワード（合力佐智子）

◆装丁・本文デザイン・DTP
株式会社ワード（佐藤紀久子）

◆イラスト
ヤス・タグチータ プレミアム

◆撮影
森川諒一（p4、5）

◆校正・校閲
澤田 裕

写真提供
トヤマ楽器製造株式会社（p7①）、株式会社ヤマハミュージックジャパン（p7②〜⑦）、Küng Blockflöten GmbH（p7⑧）

おもな参考文献・参考HP
『決定版リコーダー名曲選集⑩リコーダー資料編・さくいん』学習研究社／『楽しいリコーダー①［初歩入門編］』さいとうみのる著、汐文社／『ドラえもんの音楽おもしろ攻略 リコーダーがふける』八木正一指導、小学館／ヤマハ株式会社「楽器解体全書 リコーダー」

表現力のきほんの「き」
リコーダーがうまくなる

JASRAC 出 2407797-401

2024年11月22日　第1刷発行　NDC763

監　修	富永和音
発行者	中川　進
発行所	株式会社大月書店
	〒113-0033 東京都文京区本郷2-27-16
	電話(代表)03-3813-4651　FAX 03-3813-4656
	振替00130-7-16387　http://www.otsukishoten.co.jp/
印　刷	精興社
製　本	ブロケード

Ⓒ Waon Tominaga, Otsuki Shoten Co., Ltd. 2024

本書の内容の一部あるいは全部を無断で複写複製（コピー）することは法律で認められた場合を除き、著作者および出版社の権利の侵害となりますので、その場合にはあらかじめ小社あて許諾を求めてください

ISBN978-4-272-40672-2　C8337　Printed in Japan

表現力のきほんの「き」

全3巻

リコーダーがうまくなる
監修 ● 富永和音

水彩画が楽しくなる
監修 ● 小原直子

書写はおもしろい
監修 ● 上平泰雅